だれでもできる
［超簡単］
建築パース｜改訂版｜

村山隆司

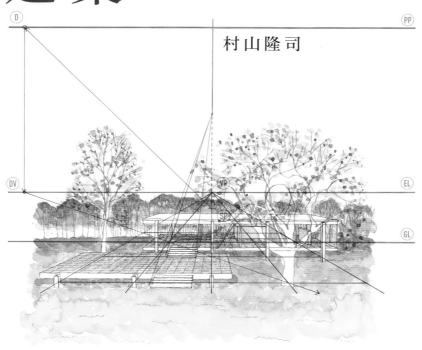

CONTENTS

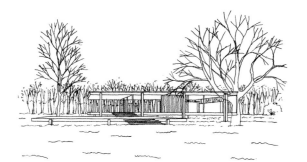

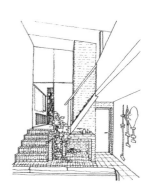

建築を学んでいくうちに、平面図、立面図は描けるようになったが、どうしてもパースが上手く描けないという人が、ほとんどではないでしょうか。めんどうくさい線のやりとりが、挫折の原因ではないでしょうか。本書は、そんな人たちのために、最小限の線と点のやりとりで、パースが描けるようになるためのものです。

名付けて「パースグリッドの魔法を使って描くパース」です。スケッチするときに、風景を切り取る枠を手に持って描くことができます。同じ方法でパースに起こして、描いていこうとするのがこの方法です。本書ではいろいろなケースを順を追って、手順に沿って解説しています。この方法を使えば、魔法のようにどんな形状のものでも立体的に表現することができるようになります。

本書は前著『だれでもできる［超簡単］スケッチ＆パース』（エクスナレッジ刊）を読んでくださった読者から、「もう少しパースの描き方に特化して、誰でも描けるようになる、手引き本がほしい」との一言で始まった本です。パースは仮の画面（PP）に映った映像を、紙上に写していく作業の繰り返しで描くことができます。この写し取る作業を前著の中でも紹介しました。この写し取ってスケッチを描く手法を応用することで簡単にパースが描けると考えたのが、本書です。画面（図面）とパースを写す紙上に正方形のグリッドを描いておくことで、点を取る作業を簡単にしています。

本書を手にした読者の皆さんは、いつでも簡単に立体を描けるようになることを思い描いて、楽しんで読み進んでください。この本を手にしたあなたが、パースの達人になることを願っています。少しでも皆さんの技術の上達の手助けになれば幸いです。

2017 年 5 月
村山　隆司

装丁・レイアウト:植月誠(shack graphic)
DTP:竹下隆雄
印刷・製本:シナノ書籍印刷

CHAPTER 1

遠 近 法 の 話

遠近法の表現方法は古代エジプトの壁画まで遡れます。
見たままの風景を紙に写し取る遠近法のテクニックを編み出したのは
16世紀の画家、アルブレヒト・デューラーです。
そのような歴史も踏まえて、
パース図を描く際の基本となる「遠近法」についてやさしく解説します。
遠近法のルールに沿って各種図法が考えられましたが、
建築や風景を表現するのに適した透視図法と
建築図面を表現するのに適した投影図法との違いも学びます。

║1║ 遠 近 法 と は

私たちが普段見ている周りのものは、立体のものがほとんどです。四角いもの、丸いもの、遠くにあるもの、近くにあるもの、それぞれを同時に見て、距離や形を判断しているわけです。いざ、それらを平面の紙に描こうとすると、とても難しいですね。目の前のコッ

プを描くにも、コップの手前と奥では、短いですが距離が生じています。見たままを描くと、コップの形がゆがんで描けてしまうと思います。そこで、遠くのものと近くのものを、正確に表現するために、「遠近法」という、あるルールに沿った描き方が考え出されたのです。

のです。

つまり、遠近法とは、私たちが見ている立体的（3次元）なものを、紙の上（2次元）に描く法則のことです。いくつかの描く法則がありますが、この本では、出来るだけ簡単なルールでの描き方を解説していきます。

まずは線遠近法を学ぶ

遠近法で描くことを分かりやすく例えると、「窓ガラスを通して見る外の風景を、そのまま窓ガラスに写し取ること」。

そう解説したのは、16世紀の画家、アルブレヒト・デューラーです。

立体的な建物や風景を、紙の上に描くテクニックを解説したのが、デューラーの『測定論』です。窓ガラスに升目を描いて、見る人と描く対象物の間に、視線の糸を張って点を捉えて描く方法です。遠近法で最初に学ぶ「足線法」はこの原理をそのまま平面に応用した描き方です（足線法の解説はP028でします）。

この、升目（グリッド）がこの本で解説をしていく、簡単パースを描くキーポイントとなります。正方形のグリッドに点を落としていくだけで、目の前のものを遠近のある形に描くことができるのです。

次ページのロンシャン礼拝堂の図は、遠近法で起こしたスケッチです。斜めの壁、丸みのある屋根など、かなり難しい線を描かなくてはなりませんが、本書での解説を、丹念に練習していけば、最後にはこのようなパースを描くことができるようになります。

『測定論』（デューラー著 1525年刊）より、線遠近法の原理と描き方の解説図。描く対象との間に、縦横等間隔に糸を張った枠を設置する。描き手は、固定した視点からその枠を通して対象を見ることにより、枠に張った糸と糸で区切られた升目を手がかりに、同じ升目を描いた画用紙に、見えた位置をそのままプロットしていけば、自然にスケッチを描くことができる。

リンゴを描く

デューラーの『測定論』でリンゴを描こうとした図です。

描く人の視点を固定し、リンゴと視点の間にグリッドのある透けた板をおいて、視点とリンゴのA点を糸で結びます。グリッド画面とその糸の交点にA点を写し、さらに、机の上の同じグリッドのある紙にA点を写せばよいのです。それを繰り返していけば立体が描けるという考え方です。

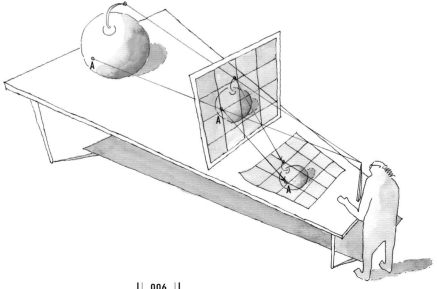

上下の変化

　　見下げる、見上げるというイメージを表現できます。[左右の変化]の表現と同じ
で、視点が下に下がれば、上（天井）が強調され、反対に視点が上に上がれば、下
（床面）が強調されるように、高さの位置と反対の部分が大きく描かれます。

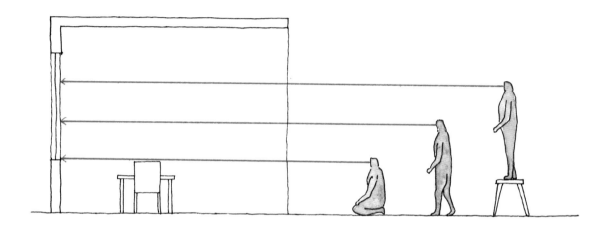

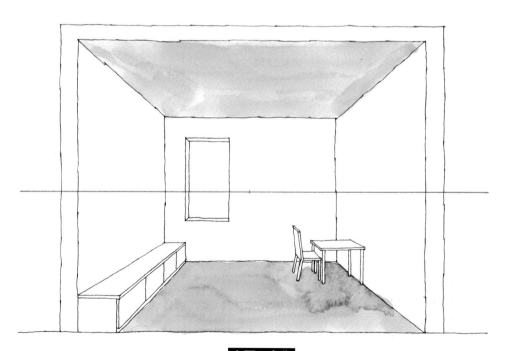

上下の変化

真ん中

天井、床が均等に描かれていますので、
高さが正確に描かれています。

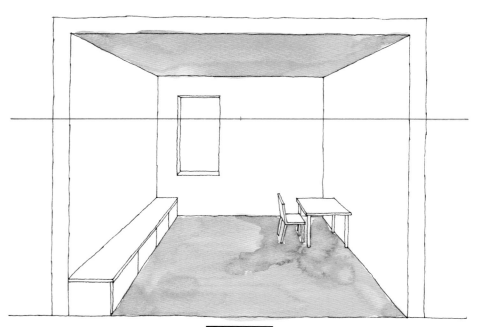

上下の変化

上

見下げている状態ですので、床面がひろく表現されます。
床のテクスチャーを描いて、
部屋の広さを強調するには良い視点ではないでしょうか。

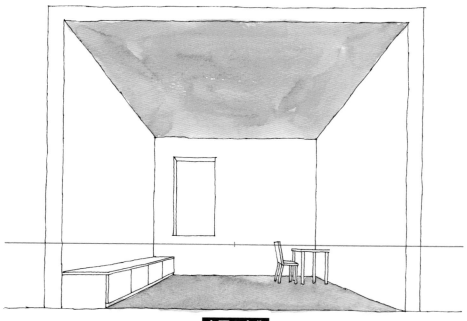

上下の変化

下

正座をした状態の高さを描いています。
天井が強調され、天井高さが少し高くなったように感じます。
和室の部屋を描くには、よい視点だと思われます。

簡単
パースの話

パース（透視図）の描き方にはいろいろな方法があります。
その中で升目（グリッド）を使って描く簡単な方法を紹介します。
平面と立面のグリッドからパース上に起こしたものを
「パースグリッド」と名付け、それを使った方法です。
このパースグリッドの起こし方にはいろいろありますが、
ここでは主に「D点法」（距離点法）と「足線法」について学びます。

‖1‖ 正方形と対角線

CHAPTER 1の‖1‖で（P006）、透視図（パース）の基本はデューラーの『測定論』から出来あがっていると解説しました。「窓ガラスに升目を描いて、見る人と描く対象物の間に、視線の糸を張って点を捉えて描く方法」、この升目が今回解説していく『パースグリッド』の基本となっていくのです。パースグリッドについては次節で解説をしていきますが、まずは「基本のき」である正方形と対角線の性質を理解しましょう。

正方形は縦横同じ寸法で、四隅が直角という形です。正方形に対角線を描くと、二等辺三角形に分割され、さらにクロスの対角線を描けば4等分されます。

また、CHAPTER 1の‖3‖で（P014）「3つのルール」を取り上げましたが、実はもう1つ簡単パースに役に立つ4つ目のルールがあります。

「4つ目のルール：直線に並んでいるものは、透視図の中でも直線上に並ぶ」

この規則と**正方形と対角線**の均等に分割されていくシステムを組み合わせることで、いろいろな寸法のグリッドを作り出すことができます。その上で対角線を基準としたパース上の分割、増殖も学びましょう。

対角線

正方形は辺および角度がすべて一緒ですから、そこにクロスの対角線を描けば、4つの二等辺三角形が描かれます。クロスされた中心に、水平垂直に直線を描くことによって、最初の正方形は4等分されます。この分割の性質を利用すれば、パースグリッドを簡単に描けます。

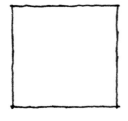

縦横同じ長さの正方形

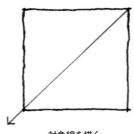

対角線を描く

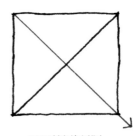

クロス対角線を描く

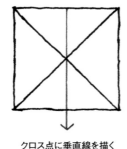

クロス点に垂直線を描く

クロス点に水平線を描く

分割

正方形を元に、平面上に置かれた正方形の
図と、それを透視図上に正方形を描いた図です。
対角線を基準にしてそのガイド線を描いて、それ

ぞれ正方形を分割しています。下図の正方形の
透視図にそれぞれのガイド線を描き込んでいけ
ば、パース上での分割が簡単にできあがります。

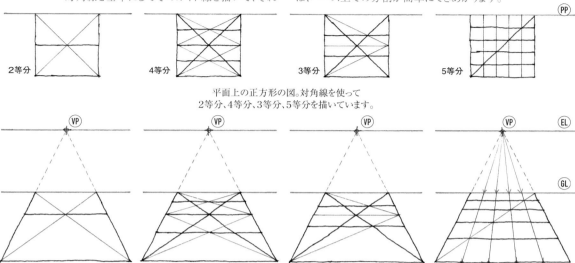

平面上の正方形の図。対角線を使って
2等分、4等分、3等分、5等分を描いています。

透視図上に上図のガイド線を描き込んでいます。
VPから出ている斜めの線が奥行き線で『パース線』といい、平面上の平行線です。

増殖

分割と同じように、正方形と対角線を使っての増殖です。
2等分中心線やグリッド上の対角線を使って増殖させます。

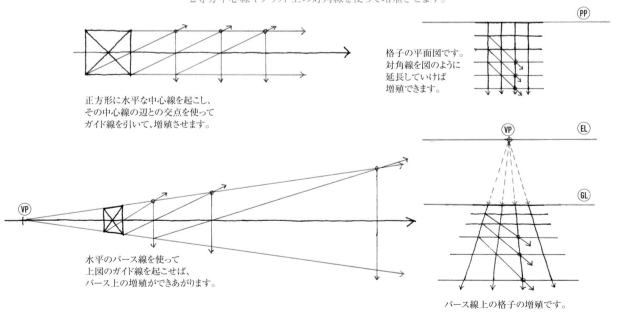

正方形に水平な中心線を起こし、
その中心線の辺との交点を使って
ガイド線を引いて、増殖させます。

格子の平面図です。
対角線を図のように
延長していけば
増殖できます。

水平のパース線を使って
上図のガイド線を起こせば、
パース上の増殖ができあがります。

パース線上の格子の増殖です。

PP Picture Plane　VP Vanishing Point　EL Eye Level　GL Ground Line

|2| 足線法とD点法でパースグリッドを描く

前節で正方形と対角線を利用して、グリッドの分割・増殖を学びました。また、透視図は『測定論』の画面のグリッドがキーポイントであることも解説しました。このグリッドを使って、簡単パースを描いていくために「パースグリッド」を描く必要があります。本書では平面、立面で描いたグリッドを、パース上に起こしたものを「パースグリッド」と名付けます。「リンゴを描く」（P006）の図のように、平面、立面に描かれた図の交点を、これらのパースグリッドに写し取っていけば、**透視された形が浮き上がってくるシステム、これが本書で紹介する簡単パースです**。グリッドの起こし方は、いくつかの手法がありますが、ここでは「足線法」と「D点法」を解説します。

足線法とD点法

足線法
SP（Standing Point…描くための見ている位置。視点ともいう）から描く図の交点をとおり、PP（Picture Plane…画面のこと）まで伸びる補助線が足線と言われ、この線で順番に起こしていくので「足線法」と名付けられています。

D点法
『距離点法』という意味のDistance-point法を略した言葉。立っている位置（SP:Standing Point／描くための見ている位置。視点ともいう）と投影する画面との距離から、グリッドを起こすDV点（Diagonal Vanishing…対角線の消失点）を決めて作図をする方法です。

図はPPの手前のグリッドを、GLから前にパースグリッドとして起こして描いたものです。足線法とD点法を重ねて描いています。赤い破線が足線法の補助線、青い破線がD点法の補助線です。

足線法はパース教室で最初に習う手法で、遠近法の理屈から描いていきます。それに比べてD点法は正方形の対角線の理屈を利用して簡易に描いていく方法です。パースグリッドを描くことが出来れば、そのグリッド上に点を起こしていくことで、簡単にパースを描くことができます。

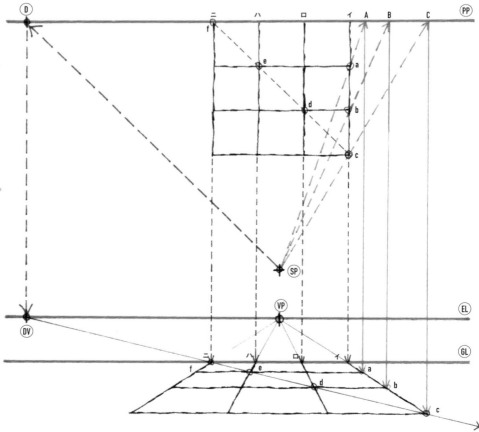

(PP) Picture Plane　(VP) Vanishing Point　(EL) Eye Level　(GL) Ground Linel　(SP) Standing Point　(DV) Diagonal Vanishing　(D) Distance point

足線法によるパースグリッドの描き方

足線法の考え方はデューラーの『測定論』の考え方と同じと述べました。P006の「リンゴを描く」をもう一度見てください。視点からリンゴに伸びる糸が、グリッドのある透けた板に交わったところに点Aを求めています。この視点から伸びる糸が、「足線」で、グリッドのある透けた板が透視図のPP（画面）と考えることができます。画面に映ったA点をパース上

に写していくと、奥行きが描かれていくのです。

パースを起こしていくためには、図1（平面）、図2（パース面）、図3（立面／高さ）の3つの図を配置する必要があります。足線法ではこの3つの図を正しく配置しておかなければ、パースを描くことができません。SPから描く図の交点をとおり、PPまで伸びる補助線が足線です。

パース図を起こす手順

①平面図のSPから正方形のd点をとおりPPまで線を描き、PPの交点d点を求めます

②パース面にEL上のVPからGL上のa点、b点を通るパース線を延ばします

③PP上のd点からパース線に向かって垂線を下ろし、パース線上にd点をもとめます

④d点を通る水平線を引いてc点を求めればパース上の正方形の完成

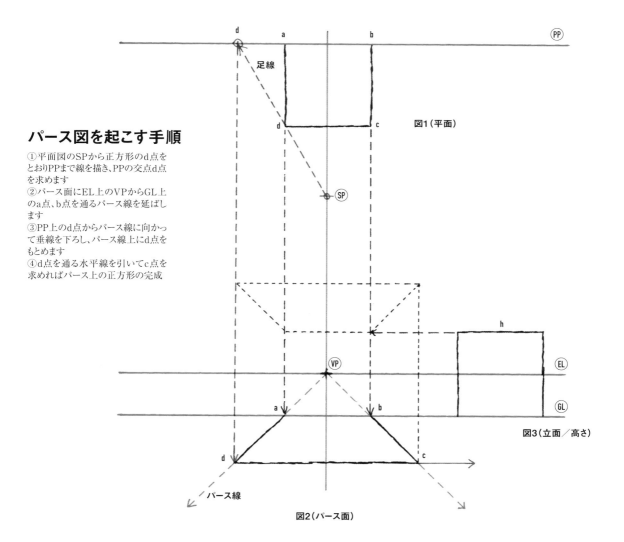

図1（平面）

図3（立面／高さ）

図2（パース面）

D点法によるパースグリッドの描き方

『距離点法』（Distance-point法、略してD点法）、とはSP（Standing Point／描くための見ている位置。視点ともいう）と投影する画面との距離から、グリッドを起こすDV点（対角線の消失点）を決めて作図をしていく方法ですが、DV点の見つけ方は、3つのルールの3番目のルール（1つの平行線は必ず1つの消失点を持つ）に従って作図すればよいのです。DV点から出る対角線のパース線がグリッドの奥行きを決定していき、パースグリッドをつくるのです。

本来、パースを起こしていくためには、図1（平面）、図2（パース面）、図3（立面／高さ）の3つの図を配置する必要があります。D点法では、SPと画面の**距離**と立面の**高さ**が分かり、パース面にそれらを求めれば、それぞれの図を配置しなくても、パースを起こすことができるのです。本書では、あえて分かりやすくするために、各図を配置して、解説をしています。

パース図を起こす手順

①正方形の対角線は水平に対して45°の角度ですから、この対角線に平行な線をSPからPPに向かって描きD点を求める

②対角線とこのD点を通る平行線は1つの消失点を持つ（3番目のルール）

③PP上のD点からELに向かって垂線を下ろしDV点を求める（45°の二等辺三角形は、直角側の辺は等しい。つまり、SPとPPの距離とEL上のDV点とVP点の距離が同じ。これが**「距離点法」**という意味）

④パース面にEL上のVPからGL上のa点、b点を通るパース線を延ばします

⑤DV点からa点を通る対角線のパース線を引きます

⑥b点から伸びるパース線との交点c点を求めます

⑦c点を通る水平線を引いてd点を求めればパース上の正方形の完成

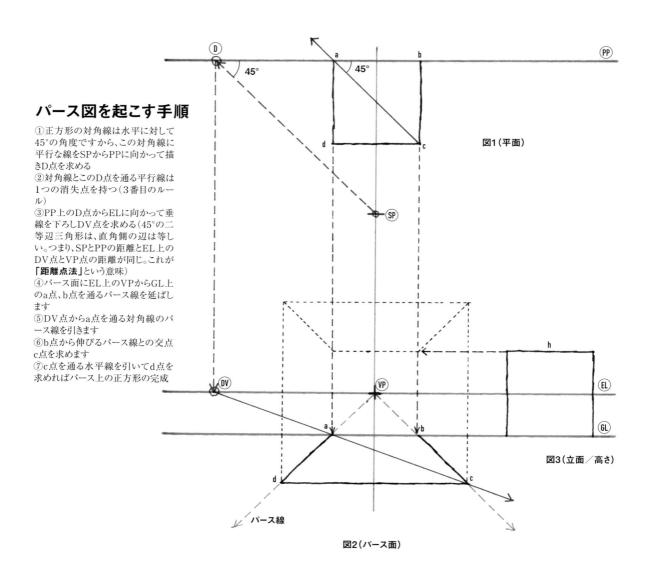

図1（平面）

図3（立面／高さ）

図2（パース面）

パース線

(PP)Picture Plane (VP)Vanishing Point (EL)Eye Level (GL)Ground Linel (SP)Standing Point (DV)Diagonal Vanishing (D)Distance point

手前に描く

「パースグリッド」を基準として、透視図を起こしていきますので、グリッドを起こすところから始めます。まずは投影面（画面PP）より手前にグリッドを起こす手順から始めます。
　本書では、あえて平面図、立面図、パース面図を配置し

た形で解説を進めていきます。先にも述べましたが、D点法では、これらをばらばらに机の上に置いておいても、パースを描くことができます。P029で解説した「足線法」では必ずこれらを配置しなくては描くことができません。

Step 1

平面のグリッドと
パース面のGL、EL、
SPの設定です。

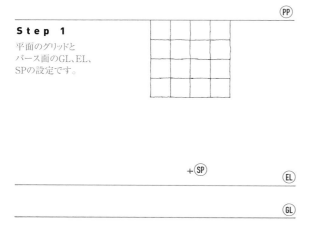

Step 2

グリッドの縦の線の
位置をGLに取り、
VPからのパース線
（奥行き線）を描きます。

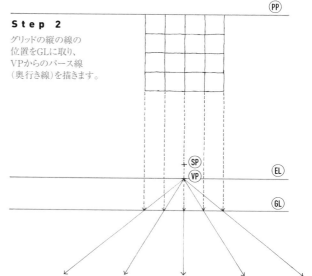

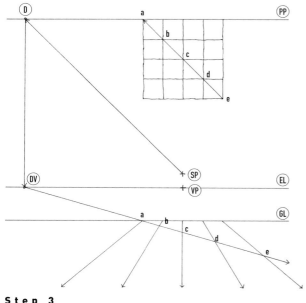

Step 3

ここからがD点法の醍醐味です。平面のグリッドの対角線を描きます。対角線と平行な線をSPからPPに向かって交点を求め、その交点DからELに向かって垂線を下ろし、EL上にDV点を求めます。DV点からGL上のa点を通る線を引き、各パース線との交点を求めます。

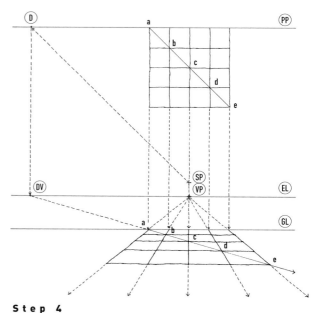

Step 4

交点b、c、d、e点に
水平線を引きグリッドを描きます。

Step 5

補助線を消して、
手前のパースグリッドの
完成です。

PP

+ SP
+ VP   EL

GL

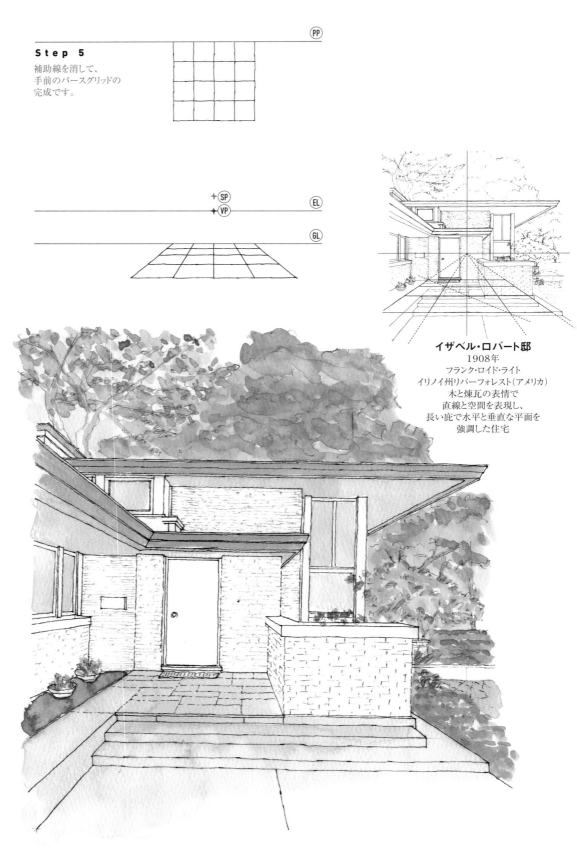

イザベル・ロバート邸
1908年
フランク・ロイド・ライト
イリノイ州リバーフォレスト（アメリカ）
木と煉瓦の表情で
直線と空間を表現し、
長い庇で水平と垂直な平面を
強調した住宅

Step 3

平面上のa、b、c、d点を
分割の手法、対角線を使って
2等分して求めます。
その点をパースグリッドで
同じように求めます。

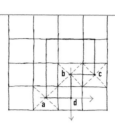

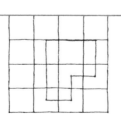

Step 4

パースグリッドに落とされた、
平面上の図形の交点を
結んでいきます。

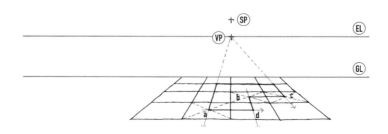

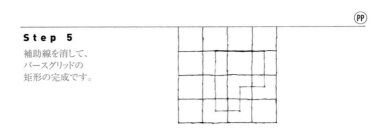

Step 5

補助線を消して、
パースグリッドの
矩形の完成です。

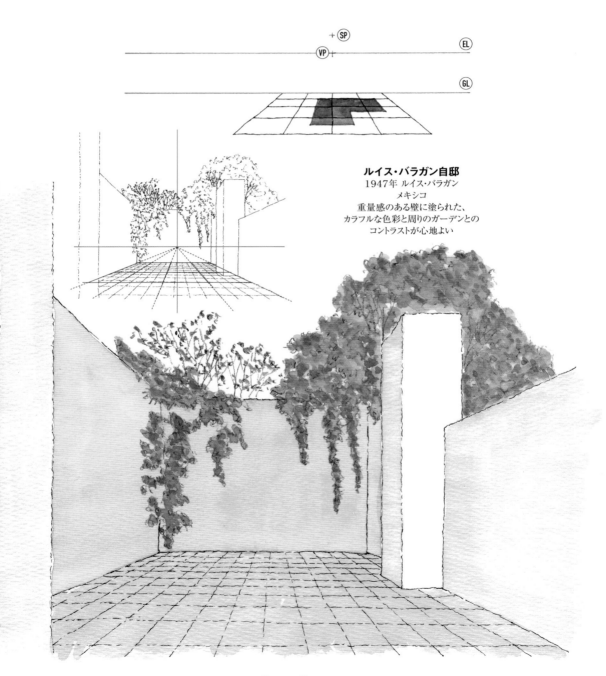

ルイス・バラガン自邸
1947年 ルイス・バラガン
メキシコ
重量感のある壁に塗られた、
カラフルな色彩と周りのガーデンとの
コントラストが心地よい

丸を描く

正円をパースに起こすと、楕円のように見えますが、微妙に奥の方が縮まって描かれますので、とても難しいです。しかし、パースグリッドに正確に点を落としていくことで、正確なパース上の正円を描くことができます。

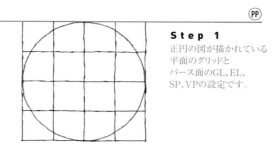

Step 1

正円の図が描かれている
平面のグリッドと
パース面のGL、EL、
SP、VPの設定です。

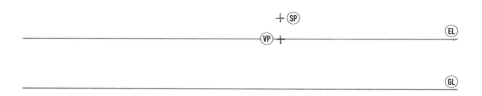

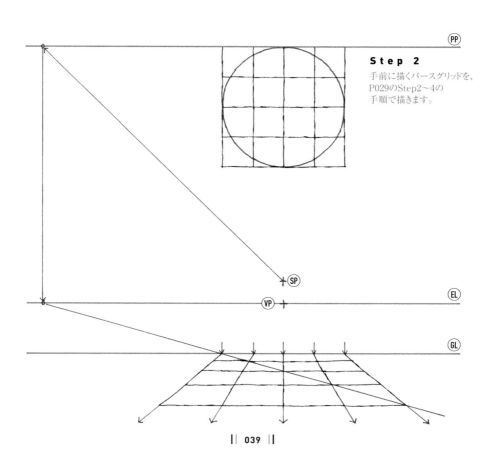

Step 2

手前に描くパースグリッドを、
P029のStep2〜4の
手順で描きます。

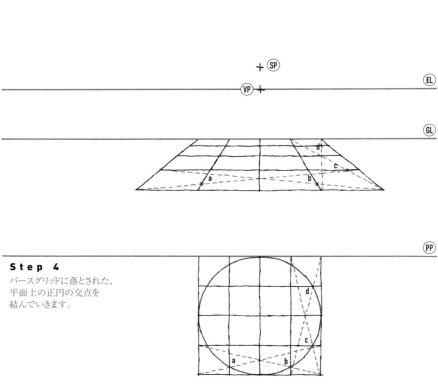

Step 3

平面上のa、b、c、d点を
4つの正方形の
対角線から求めます。
その点をパースグリッドで
同じように求めます。

Step 4

パースグリッドに落とされた、
平面上の正円の交点を
結んでいきます。

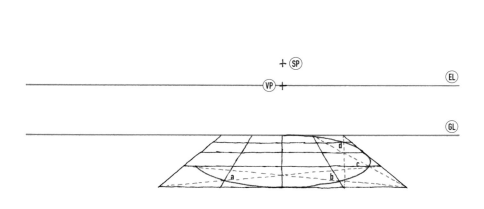

ショーダン邸
1956年 ル・コルビュジエ
アーメダバッド（インド）
テラスを強い陽射しから守る、
建物全体にかかる大屋根が特徴

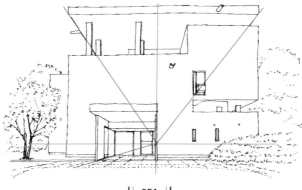

曲線の高さを描く

　矩形と同じように、高さを決めたい点をPPに戻して高さの情報を入れていけばよいのですが、曲線の場合は線が曲がって繋がりますので、多くの点を押さえる必要があります。そこで、高さが一定として考えた場合に、その高さでのパースグリッドを起こして描く方法があります。外観を描くときの各階層でのパースグリッドに応用ができますので、ここではそれらを紹介します。

Step 1
曲線の図が描かれている、
平面のグリッドとパース面の
GL、EL、SP、VPの設定です。
GL上に立面図として、
高さの情報を描きます。

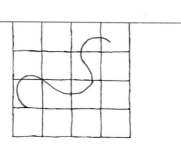

Step 2
立面図の高さを元に、
平面上のパースグリッドと同じ
グリッドを高さの部分に
描きます。

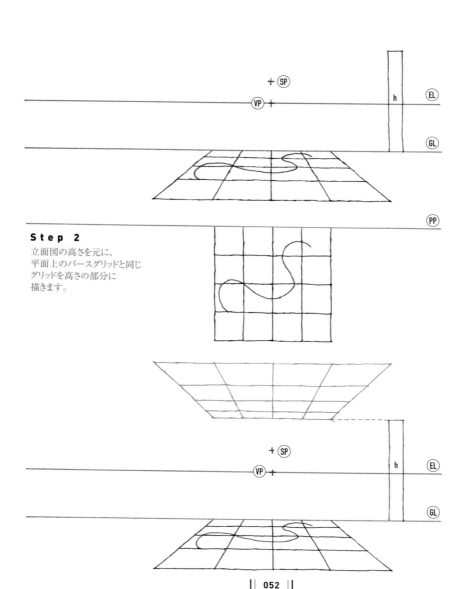

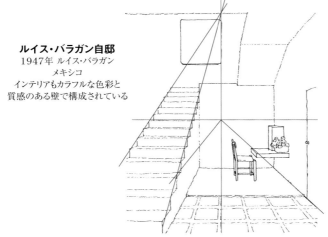

ルイス・バラガン自邸
1947年 ルイス・バラガン
メキシコ
インテリアもカラフルな色彩と
質感のある壁で構成されている

折れ曲がり階段を描く

PPに平行に上がっていく階段と奥に上がっていく階段の傾斜に注意して描かなくてはなりません。平行に上がっていく階段の消失点はVP、奥に上がっていく階段の勾配の消失点はVP2です。それぞれ、立面のパースグリッドに段割りを描くことから始めます。

(PP)

Step 1

階段の図が描かれている、
平面のグリッドとパース面のGL、
EL、SPの設定です。
GL上に階段の立面図として、
高さの情報を描きます。

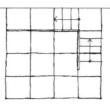

+ (SP)

(EL)

(GL)

(PP)

Step 2

平面上のパースグリッドと、
高さを描き込む3面の
立面パースグリッドも描きます。

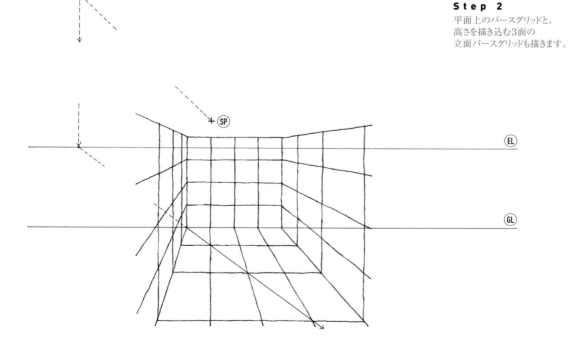

+ (SP)

(EL)

(GL)

Step 3

奥の立面パースグリッドに、
平行に上がる階段の段を、
3等分の分割線を使って描きます。

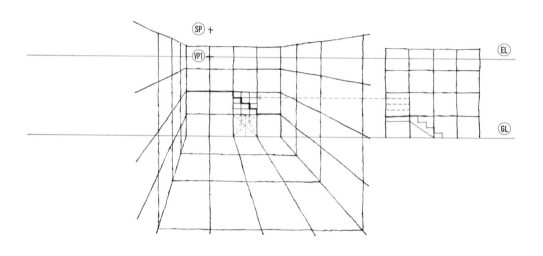

Step 4

さらに、向かって右側の立面パー
スグリッドに、升の3等分の分割と
段の数分のパース線を補助線に
して、階段の立面を描きます。段
の頂点を結んだ線の延長が、
VP1を通る垂直線と交わる点、
消失点(VP2)を求めます。

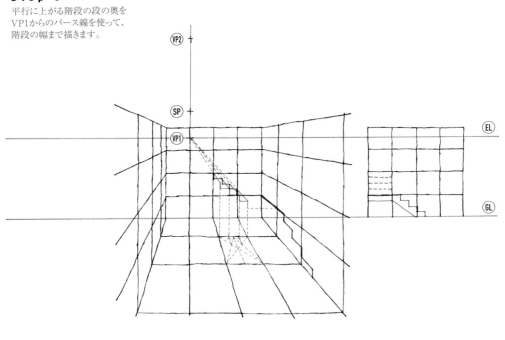

Step 5

平行に上がる階段の段の奥を
VP1からのパース線を使って、
階段の幅まで描きます。

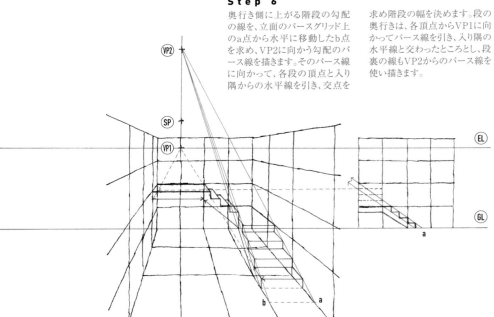

Step 6

奥行き側に上がる階段の勾配
の線を、立面のパースグリッド上
のa点から水平に移動したb点
を求め、VP2に向かう勾配のパ
ース線を描きます。そのパース線
に向かって、各段の頂点と入り
隅からの水平線を引き、交点を

求め階段の幅を決めます。段の
奥行きは、各頂点からVP1に向
かってパース線を引き、入り隅の
水平線と交わったところとし、段
裏の線もVP2からのパース線を
使い描きます。

下がり天井を描く

　　正面に向かって下がっていく天井は、斜め下がりの消失点を求めなくてはなりません。階段で求めた上がり勾配の消失点の求め方と同じで、VP1を通る垂直線の下側に求めることができます。

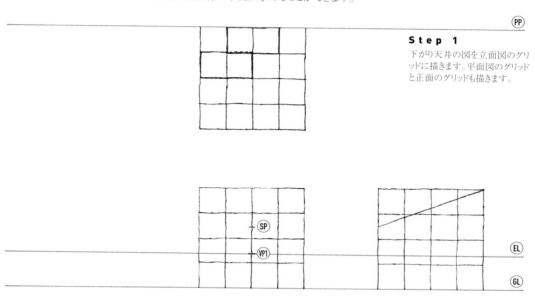

Step 1

下がり天井の図を立面図のグリッドに描きます。平面図のグリッドと正面のグリッドも描きます。

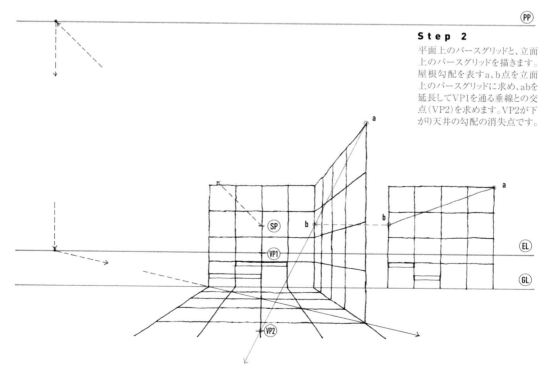

Step 2

平面上のパースグリッドと、立面上のパースグリッドを描きます。屋根勾配を表すa、b点を立面上のパースグリッドに求め、abを延長してVP1を通る垂線との交点（VP2）を求めます。VP2が下がり天井の勾配の消失点です。

Step 3

両立面のパースグリッドを描き、
下がり天井を構成するc点から
VP2に向けてパース線を起こして、
d点を求めます。

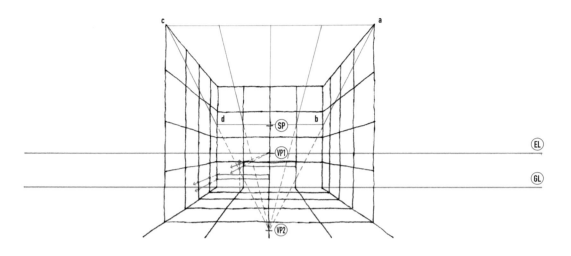

Step 4

VP2に向かって下がり天井の
勾配線を描けば完成です。

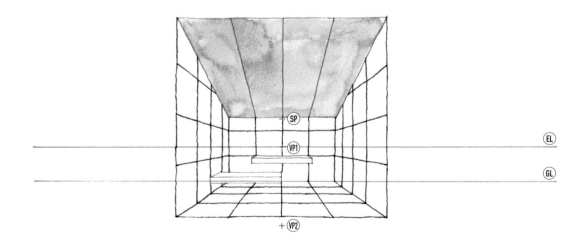

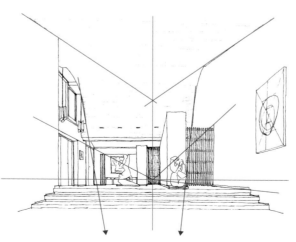

ルイ・カレ邸
1959年 アルバー・アールト
パリ郊外（フランス）
アート・コレクションを展示する
空間を持つ住宅

|7| インテリアを描く

パースグリッドを使った、各パーツの描き方を学びました。それらを使ってインテリアパースを描いてみましょう。パースは部屋の中の色々な要素が、どの位置、どの方向にあるかを確認して、それを正確に落とし込めばよいわけでしたね。そのガイドとして、グリッドを使って確認する方法を学んできたわけです。ですから、まずは、平面図、立面図（展開図）にそれぞれグリッドを引くことから始めます。そして、パースグリッドへの落とし込みです。

平面/立面図（内部展開図）

パースグリッドの場合、平面図、展開図を下記のように配置して描く必要はありませんが、わかりやすくするために、ここでは通常のパースの描き方のように、図面を配置して解説をしていきます。

まずは平面図を上部に、部屋の左右の展開図を両側に配置します。PP面は部屋のいちばん奥の壁、ELはほぼ立っている人の目の高さで設定します。

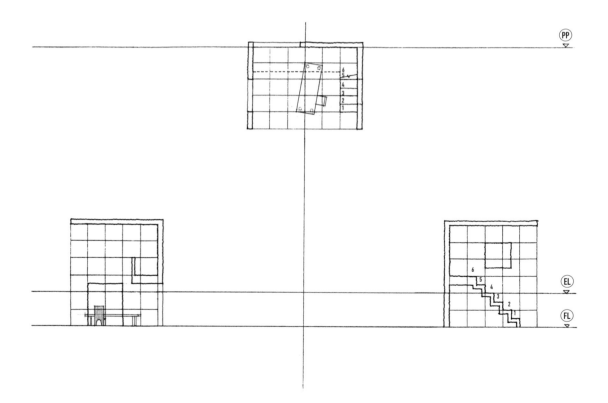

グリッドを描く

パースグリッドを描きます。まずSPを決めます。部屋のいちばん手前のラインで画角が約60°になる位置にSPを決めます。SPから45°の角度でPPおよびELへと

補助線を引き、DVを決めます。後は今まで描いてきた方法で、パースグリッドを描きます。両サイドの壁、天井もパースグリッドに従って、グリッドを起こしましょう。

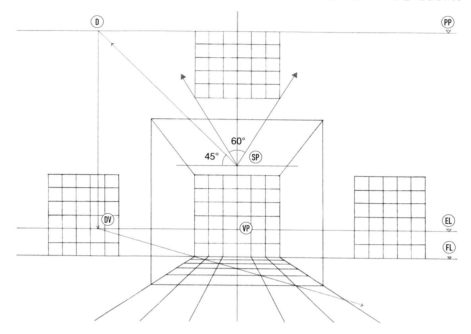

窓・2階フロアー・階段の配置

パースグリッドを元に描いた、それぞれの完成図です。これらを各パーツに分けて、描き方を解説していきます。

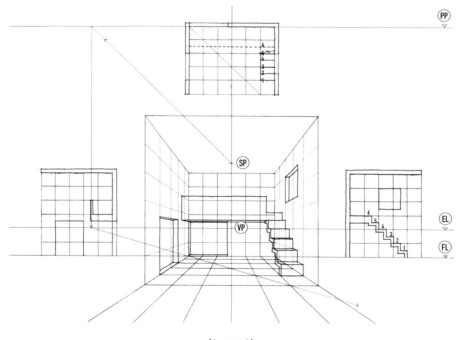

窓を描く

高さは「5つ目のルール：すべての高さの情報は、PPから」を使って出していきます。展開図にある高さの情報を、それぞれ中央のPP面のパースグリッドに移動させます。その高さを展開図のパースグリッド上で手前に引き出していき、展開図に描かれているグリッドの位置に合わせて、パースグリッドに窓を描きます。

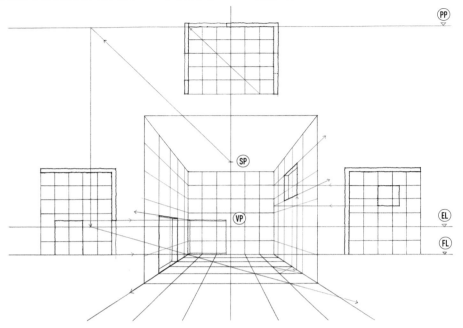

2階フロアーを描く

高さ位置は窓と同じようにPP面から確定していき、パースグリッドに落とし込みます。窓のときにも出ましたが、グリッドの半分をパース上に確定するときは、正方形の分割・対角線を使って2分の1を確定します。

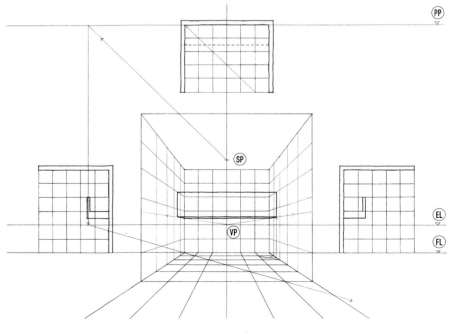

階段を描く

P056～058の「直通階段を描く」の各Stepを参考に階段の消失点を求め、階段を起こします。右展開図の階段1段目と6段目の先の部分をパースグリッドに取り、それを結んだ線を延長して、VPの垂線と交わった点VP2を求めます。後はStep4～5のように階段を起こし、2階のフロアーとつなげます。

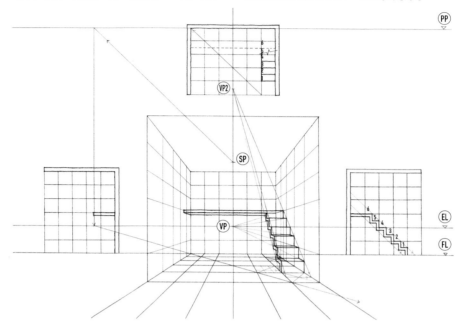

テーブルを描く

斜めに置いてあるテーブルは、「**3つ目のルール：消失点は無限にある**」を使って、斜めの消失点を求め、5つ目のルールを使って高さを決定して、パースグリッドに描いていきます。

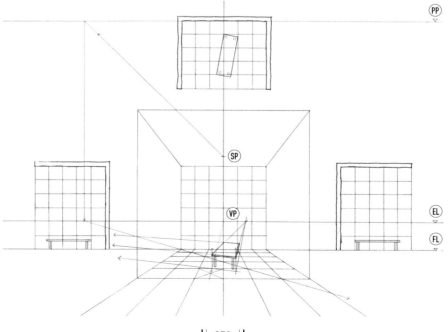

インテリアパースの彩色のコツ

インテリアパースに添景を入れ、着彩をした図です。
着彩のコツは、パース全体に色をつけるのではなく、
全体のバランスを見て、ポイント的に色を付けていくことがポイントです。

色鉛筆を使って着彩をしています。
床を着彩のベースにして、
窓と人物と樹木に
ポイントの色を塗っています

パステルを使って着彩をしています。
右側の壁をベースにして、
正面の手すりと樹木に色を塗ってバランスを取っています。
壁のパステルが強調されていますので、
それ以外の着彩は少なくしています

|8| 外 観 を 描 く

外観を描くにも、基本はパースグリッドを起こして点を取っていく作業は内観と同じです。ただし、グリッドが立体の塊で描くことになりますので、見る角度や高さによって、奥側に出てくるグリッドは、影になってきます。奥の線が重なったりして、多少煩雑になる可能性があります。ここでは、基本の描き方を、3階建て想定の凹凸のある立方体で、解説をしていきます。

立方体の図面とSP

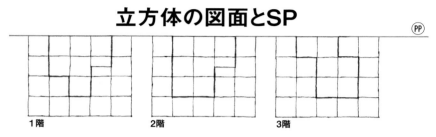

1階　　　2階　　　3階

立方体を3階建てビルと見立てて描きましょう。上図は各階平面図です。PP面を立方体の奥の面に設定します。SPは2階部分の平面図に対しての位置を示してあります。SP1:正面から見る、SP2:横から見る、SP3:上から見る、それぞれの立っている位置を示してあります。手順を解説する各Step図には、この平面図を省略しているので、ここで繰り返し確認をしてください。

正面から見る

立方体の真正面から、升目1つ右に行ったところに、SP(SP1)を設定してあります。真正面にSPを持ってくると、両サイドの1階部分が、欠けているところの奥行き面を表すことができません。立方体の形によって、どこから見るとより奥行き感が分かりやすいかを考え、SPを設定しましょう。

Step 1
パースグリッドを起こす手順で、
1階部分のパースグリッドを起こします。
今回は距離点を
右側に取って描いています。
距離点は両サイド
どちら側に取っても同じです。
高さは右側のGLの上に描いています。

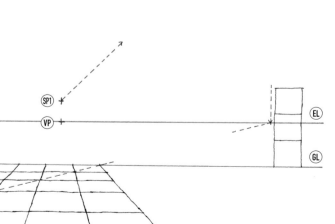

Step 3

同じく立体で起こした
パースグリッドに、平面図から
各階の点をパースグリッドに
描きます。各階の、見えてくる
壁面を構成する線を、
赤色でつないでいきます。

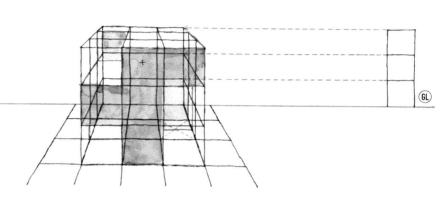

Step 4

見えてくる壁面以外の
線を消して、完成です。
最上階が表現されていますので、
真正面で右側奥の欠けている部分が、
表現できています。

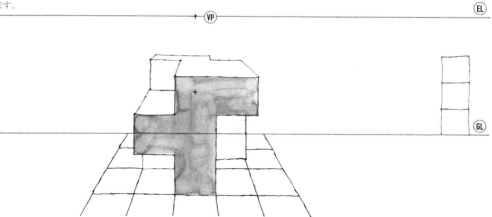

少し上からの視点なので、
アプローチのテラスがよく表現され、
建物の大きさがよくわかる

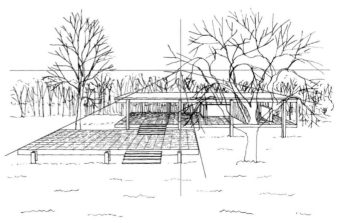

2点透視で
斜めのグリッドを起こす

2点透視図も基本は、パースグリッド上で描い
ていくことには変わりありません。ただし、パースグ
リッドの起こし方は、2点透視図ではD点法が難

しいので、グリッドは足線法での描き方を解説しま
す。足線法の基本の描き方はP029を参照してく
ださい。

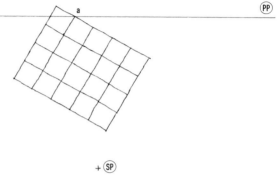

Step 1

4升×5升のグリッドを起こします。
PPを奥から1升戻ったa点に設
定します。配置する角度は自由
ですが、三角定規の30°／60°
に設定すると描くときに都合がよ
いです。SP、EL、GLをそれぞれ
設定します。

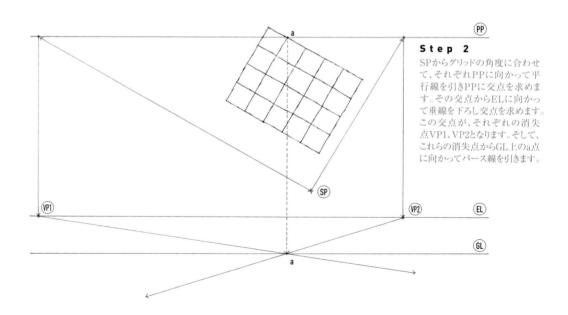

Step 2

SPからグリッドの角度に合わせ
て、それぞれPPに向かって平
行線を引きPPに交点を求めま
す。その交点からELに向かっ
て垂線を下ろし交点を求めます。
この交点が、それぞれの消失
点VP1、VP2となります。そして、
これらの消失点からGL上のa点
に向かってパース線を引きます。

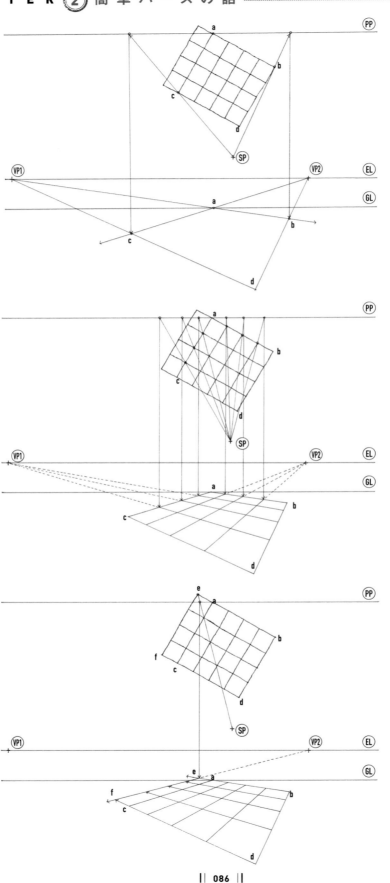

S t e p 3

a点を通るパース線に奥行きを求めます。SPから平面上のb、c点を通る足線をPPまで伸ばし交点を求め、その交点からa点を通るパース線上に交点c、b点を求めます。それぞれの消失点から、c、b点を通るパース線を引きその交点d点を求めます。これでパース上のabdcの正方形が描かれました（足線法の意味はP028を参照してください）。

S t e p 4

abdcの四角形にグリッドを描きます。平面図のac、ab上のそれぞれの点に足線を伸ばして、足線法を使って、それぞれの奥行き点を求めます。求めた点に向かってパース線を伸ばして、グリッドを描きます。

S t e p 5

e点を求めて、升目を1つ増やして、4升×5升のグリッドを起こします。平面上のe点にSPから足線を延ばしPPにe点の奥行を求めます。その点から垂線をおろし、パースグリッド上のbaの延長線との交点e点を求めます。このe点を通るパース線上に、グリッドの点を延長して、パースグリッドは完成です。

注：正方形のパースグリッドabdcができた段階で、4等分の分割法を使ってグリッドを起こすこともできます。次項で解説します。

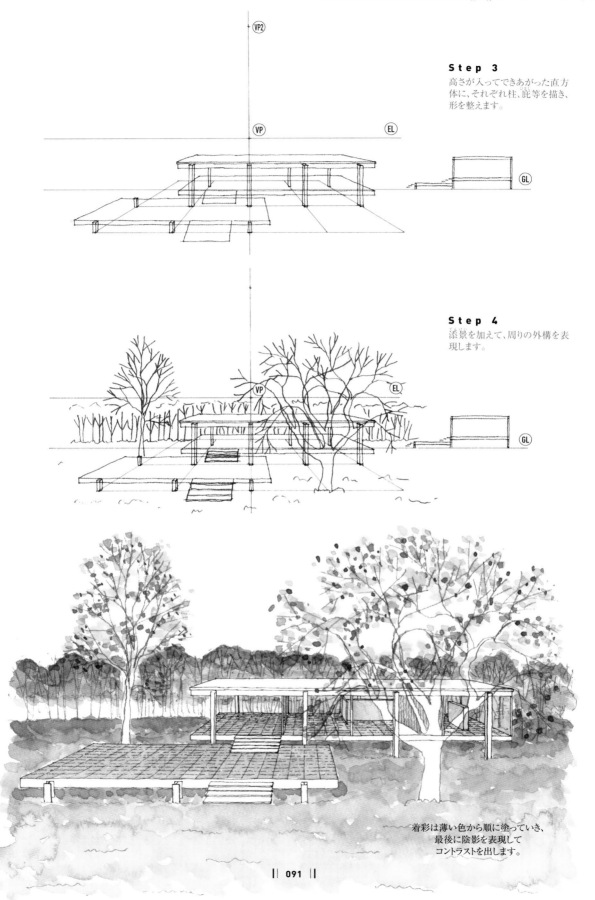

Step 3

高さが入ってできあがった直方
体に、それぞれ柱、庇等を描き、
形を整えます。

Step 4

添景を加えて、周りの外構を表
現します。

着彩は薄い色から順に塗っていき、
最後に陰影を表現して
コントラストを出します。

2点透視による
名作住宅の描き方

2点透視で描く場合、その建物の見え方（角度と見る高さ）が重要な要素になります。見え方（ア ングル）を決めるためには、外観の大まかな大きさを描いてみることも大切です。

Step 1

以前にも記しましたが、2点用パースグリッドは足線法で起こすことになりますので、大きめの用紙が必要になります。平面図は同じく正方形の分割を使ってグリッドに割り付けてください。PP上とGL上のa点は高さを決めるときに必要な点です。

Step 2

1点透視と同じように、「高さをいれてみる」（P048）と「階段を描く」（P056）を参考にしてGL上のa'点から高さを描き、VP3から階段の勾配を描きます。

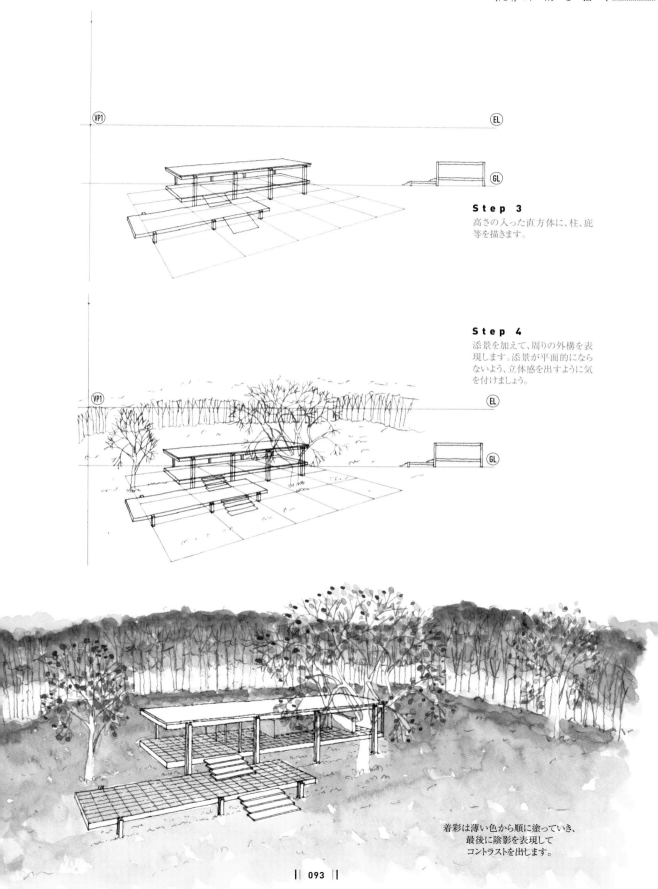

Step 3

高さの入った直方体に、柱、庇
等を描きます。

Step 4

添景を加えて、周りの外構を表
現します。添景が平面的になら
ないよう、立体感を出すように気
を付けましょう。

着彩は薄い色から順に塗っていき、
最後に陰影を表現して
コントラストを出します。

|9| 街 を 描 く

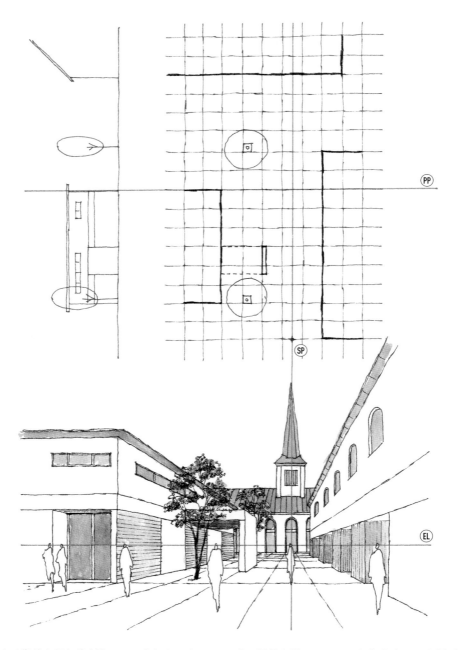

　奥行きのある街並みが上手く描けるようになれば、屋外での風景のスケッチも楽しくなります。スケッチも透視図を学んでおけば、見て描いた風景の歪みを修整して、

よりリアリティーのある風景を描けるようになります。まずは街並みのいろいろなシーンにおけるテクニックを学びましょう。

　建物の配置図に、グリッドを描いておきます。PP面を中間ぐらいに設定して、パースグリッドを床面に描いておきます。そのグリッドに高さを加えていって、街並みを描いていきます。

坂を下がる表現

下り坂の消失点も「上り坂」と同様に、VP1を通る垂線の下側に求めて、描きます。

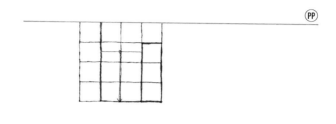

Step 1

グリッド上に、想定3階建てのビルの横にある下り坂が描かれています。パースグリッドの描き方の基本を使って、4升×4升のパースグリッドを描きます。立面に坂の勾配を描きます。

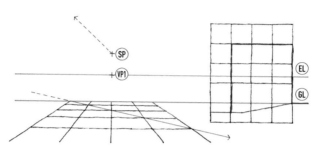

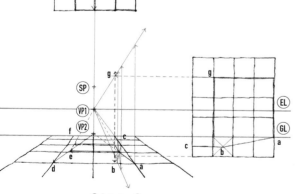

Step 2

パースグリッド上にGLから下がった床の高さc点を求め、VP1からパース線を描き、b点を求めます。a、b点を VP1を通る垂線まで伸ばし、下る坂の消失点VP2を求めます。VP2とd点を結び、b点からの水平線との交点e点を求めます。さらにe点とVP1のパース線上にc点からの水平線との交点f点を求めます。

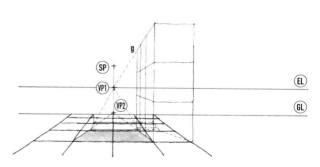

Step 3

同様に箱のg点の高さを求めて補助線を消して、完成です。

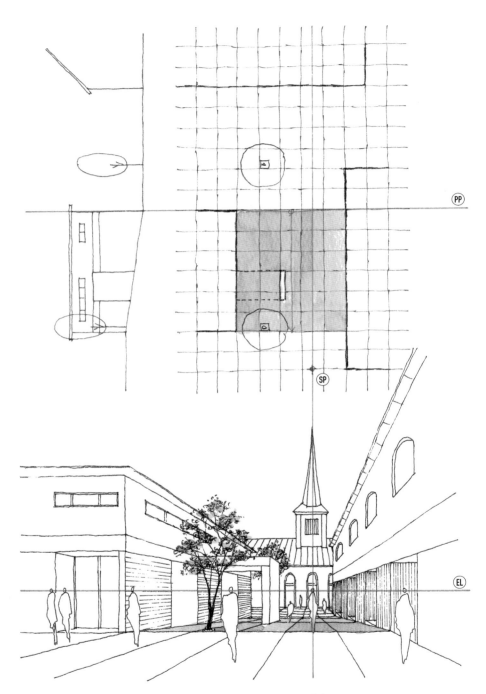

PPに向かって
下がった道を描いています。
下がりきった床面から立ち上がる
奥の教会の高さには
注意が必要です

水面に映る表現

手前に池があり、その水面に建物が映り込んでいます。映り込んだ建物も消
失点に向かってパース線を結んでいきます。映り込む高さの設定に注意です。

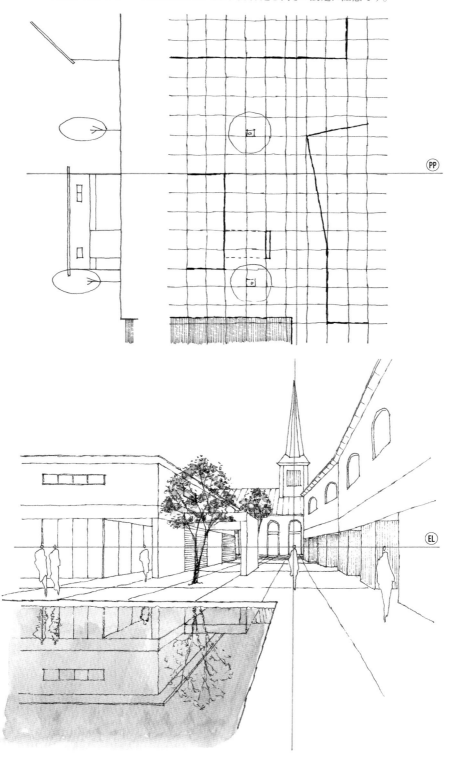

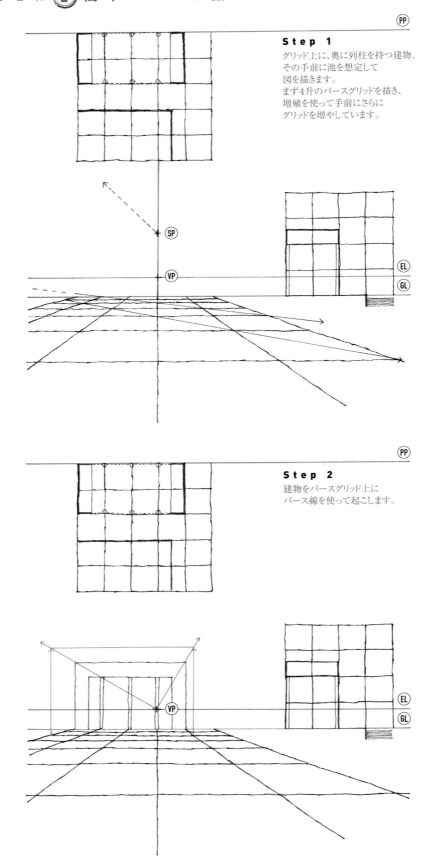

PP

Step 1

グリッド上に、奥に列柱を持つ建物、
その手前に池を想定して
図を描きます。
まず4升のパースグリッドを描き、
増殖を使って手前にさらに
グリッドを増やしています。

SP

VP

EL

GL

PP

Step 2

建物をパースグリッド上に
パース線を使って起こします。

VP

EL

GL

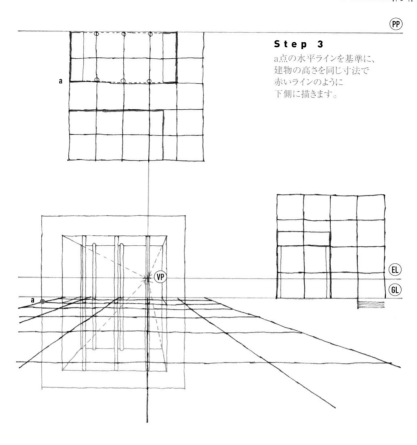

Step 3

a点の水平ラインを基準に、
建物の高さを同じ寸法で
赤いラインのように
下側に描きます。

Step 4

パースグリッド上に
手前側の池を描き、
水面以外の建物の
赤いラインを消せば、
残ったラインが、
水面に映った建物の部分に
なります。

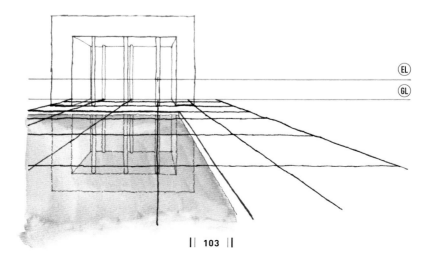

ショーダン邸
1956年 ル・コルビュジエ
アーメダバッド（インド）
大屋根に守られたテラスが、
水面に涼しげに映っている

街を映す表現

　左側にある建物はハーフミラーで
覆われていて、対面する建物が映り
込んでいる町並みを描いています。
映り込んだ建物も消失点に向かった
パース線で描きますが、ミラーを境に
水平に右側の建物と同じ距離を取る
のがポイントです。

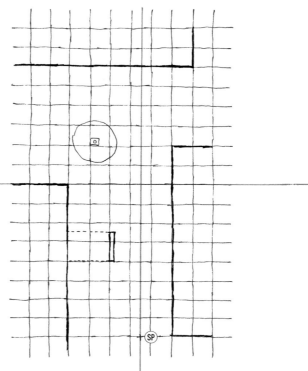

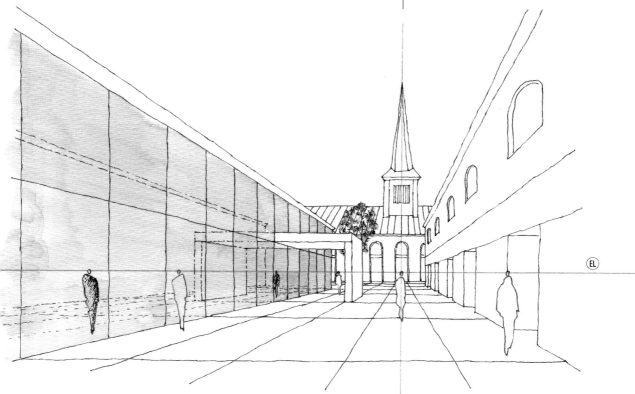

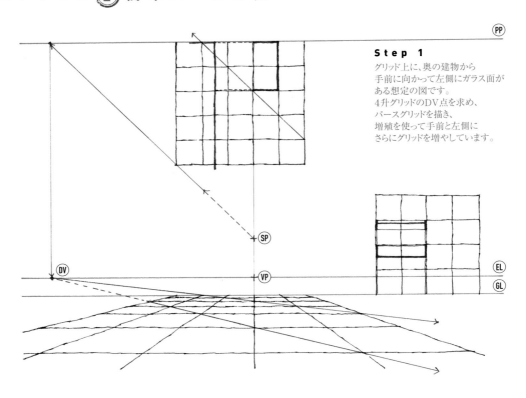

Step 1

グリッド上に、奥の建物から
手前に向かって左側にガラス面が
ある想定の図です。
4升グリッドのDV点を求め、
パースグリッドを描き、
増殖を使って手前と左側に
さらにグリッドを増やしています。

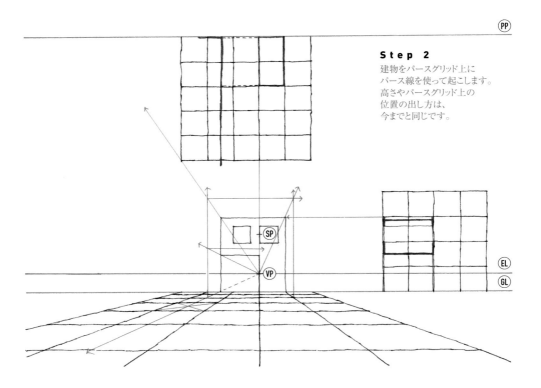

Step 2

建物をパースグリッド上に
パース線を使って起こします。
高さやパースグリッド上の
位置の出し方は、
今までと同じです。

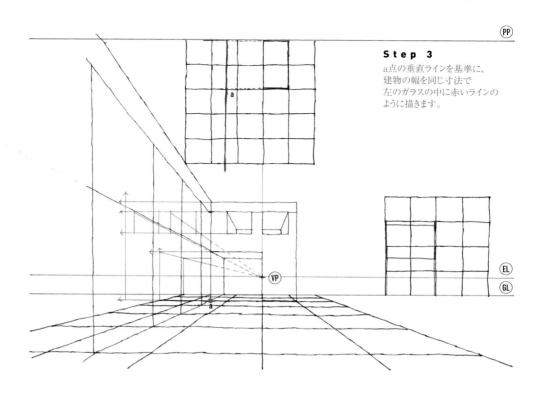

Step 3

a点の垂直ラインを基準に、
建物の幅を同じ寸法で
左のガラスの中に赤いラインの
ように描きます。

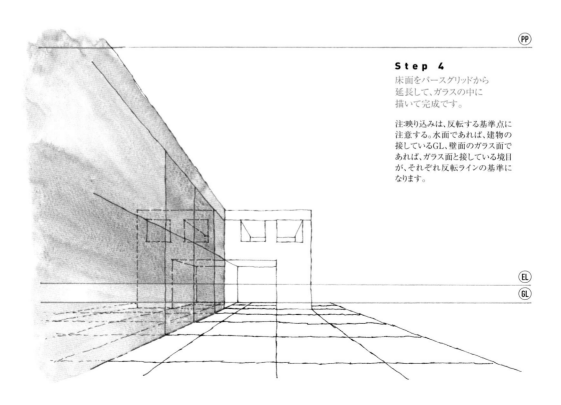

Step 4

床面をパースグリッドから
延長して、ガラスの中に
描いて完成です。

注:映り込みは、反転する基準点に
注意する。水面であれば、建物の
接しているGL、壁面のガラス面で
あれば、ガラス面と接している境目
が、それぞれ反転ラインの基準に
なります。

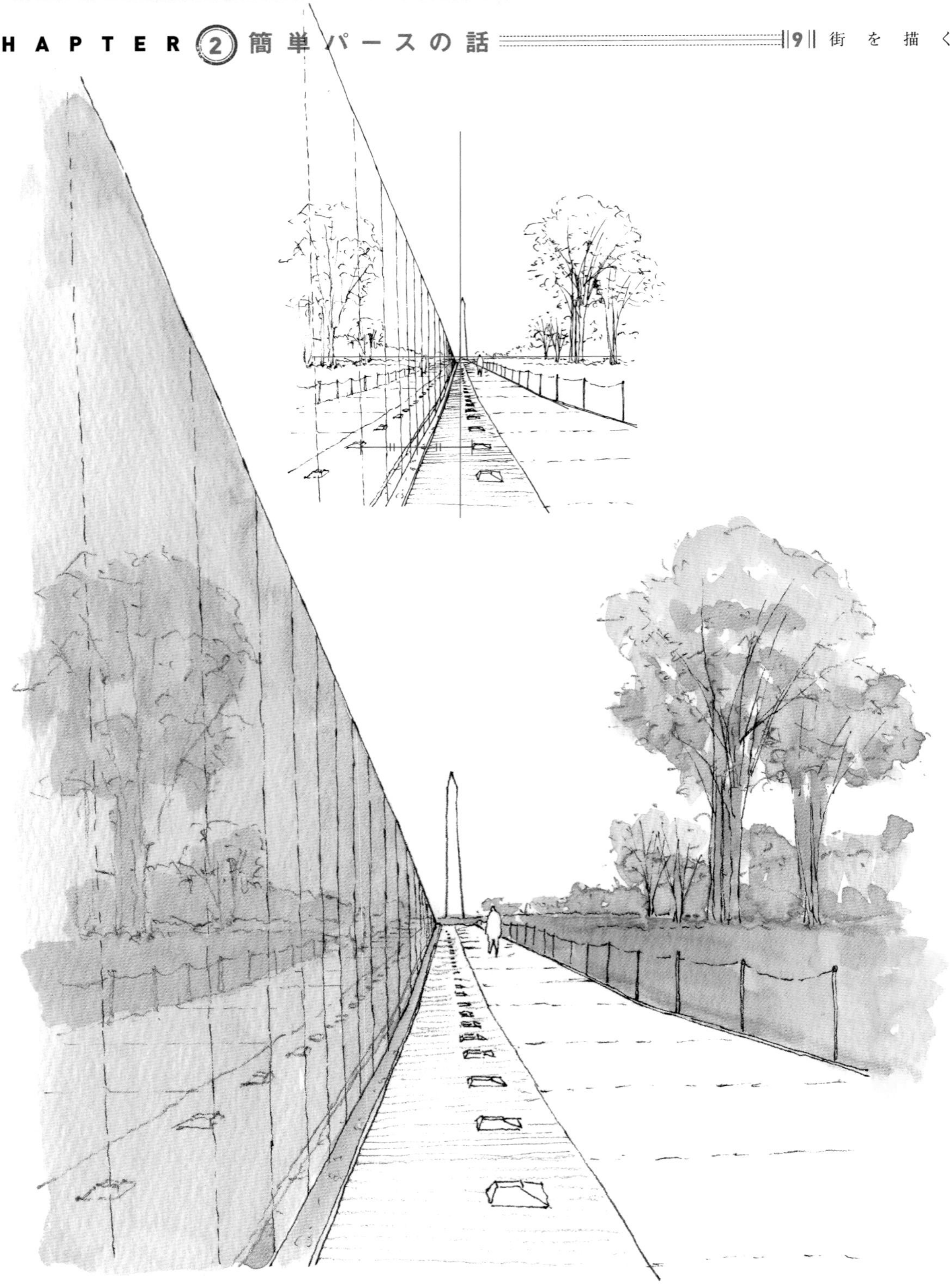

ベトナム慰霊碑
1956年 コンペ案
1421人の中から選ばれた21歳の女性案
ワシントン（アメリカ）
自然な傾斜に沿って、黒御影石を建て、
年次ごとに名簿を刻んである。
この黒御影石に周りの景色が
映り込んでいる

CHAPTER

パースを彩る話

パース図は陰影を付けたり、
人物、樹木、車といった
添景を加えることで
表現を豊かにすることができます。
ここではそれらの表現の方法を採り上げます。

‖1‖ 陰 影 を 付 け る

透視図や投影図で描かれた図形に陰影を施すと、より形が鮮明に浮き上がってきます。微妙な出っ張りや引っ込みを表現するときには、欠かせないテクニックです。

影を付ける作図方法は、いままで学んだ作図方法に、光の角度と方向が加えられます。より複雑になりますが、手順を踏めば正確に描くことができます。

陰影とは

「陰」は、太陽の光が当たらない、いわゆる日陰のこと。壁の北側部分は晴れていても、終日日陰のままですね。一方「影」は、太陽の光が物によって遮られている暗い部分のこと。遮るのが人なら影法師です。陰は、光に対する向きや照り返しなどによって、暗さの度合いが違い、その部分のテクスチャーが分かります。しかし、影はまったく光が当たら

ないので、その部分のテクスチャーは判別できません。

陰は暗さの度合いが異なるので、薄い色を重ねていき、場合によってはテクスチャーも描き添えます。対して、影の部分は最後に濃い色でコントラストを付けるというように、まったく違う方法で描くと、自然な仕上がりになります。

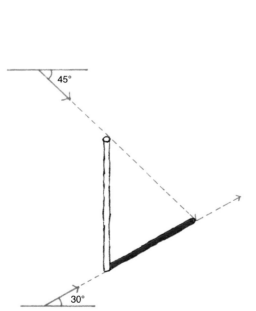

棒の影

影は、ものに遮られた様子を描きますので、遮るものの形や大きさが描かれます。遙か彼方の太陽から平行な光が届くと考えて描きますから、太陽の角度と方向によって形や大きさが変わります。角度を上45°、横水平から30°で光が当たるとすると、棒の影は、30°振れた方向と、棒の頭から45度のガイド線との交点に落ちます。

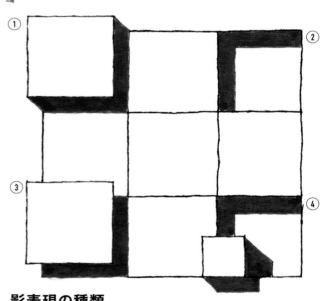

影表現の種類

影の描き方で、四角い平面の形と状態を表現できます。
①高さを表現
②くぼみを表現
③浮き上がりを表現
④くぼみから立ち上がる、小さい四角を表現

透視図の陰影

　光の方向を、高さ30°、方向45°として描きます。それぞれの光は平行と考えますので、「3つ目のルール」によりパース上に消失点が現れます。それぞれ、方向の消失点はEL上（VP2）に、高さの消失点はVP2を通る垂線の下側に交点（VP3）を持ちます。

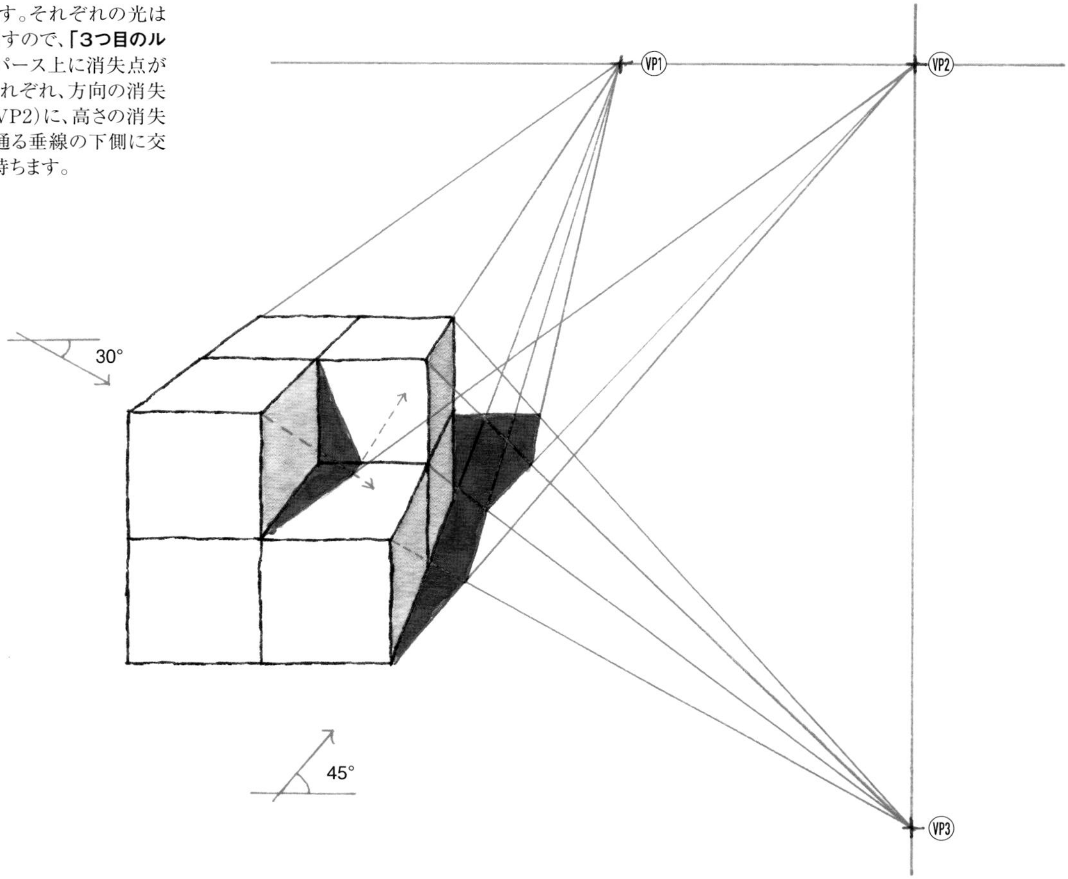

30°

45°

VP1

VP2

VP3

45°

水平

投影図の陰影

　光の方向を、高さ45°と水平として、キューブの各コーナーの辺の頂点を、45度のガイド線から求め、つないでいきます。キューブの中の欠き込まれたところの影は、壁となったところで、立ち上がり上部の点に収束します。

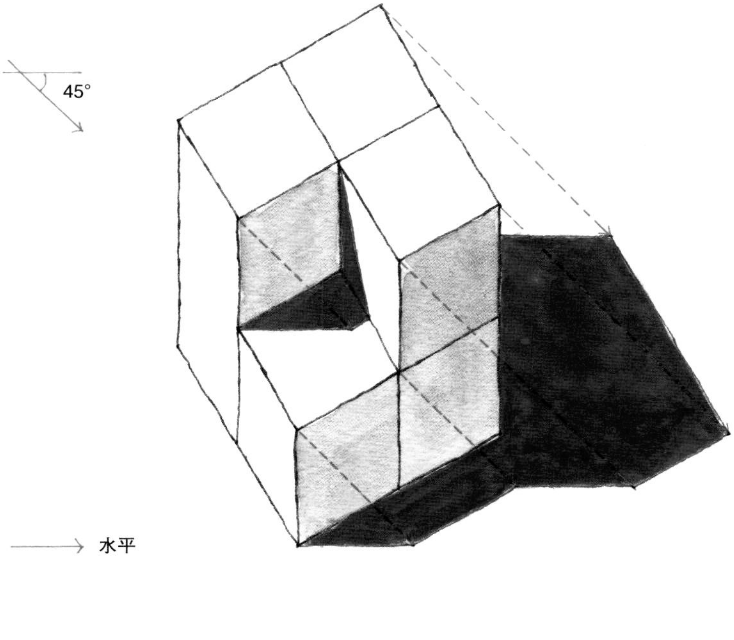

影を付ける

　パースグリッドに影を描く場合、平面図に影を描いておかなくてはなりません。平面図に描かれた影が、グリッド上のどの点にあるかを、パースグリッドに落として、その点を通るガイド線を使って、光の高さと方向の消失点を求めます。

奥へ影を付ける

　奥に影を描く場合、光の高さの消失点はELよりも下側になります。

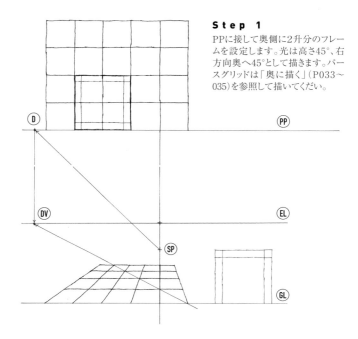

Step 1

PPに接して奥側に2升分のフレームを設定します。光は高さ45°、右方向奥へ45°として描きます。パースグリッドは「奥に描く」(P033～035)を参照して描いてくだい。

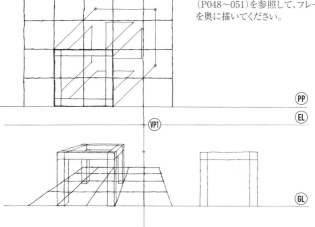

Step 2

平面図にフレームの影を描きます。高さ45°、方向45°ですから、高さの長さを方向45°に取って、単純に起こします。パースグリッドには、VP1を求めて、「四角形の高さを描く」(P048～051)を参照して、フレームを奥に描いてください。

Step 3

平面図のb点をパースグリッドに取り、パースグリッド上のc点からb点に向かってラインをELに延長してVP2を求めます。同じく、パースグリッド上のa点からb点に向かってラインを引き、VP2か

らの垂線との交点VP3を求めます。次に、d点とVP3を結んで、b点からVP1に向かうパース線との交点e点を求めます。

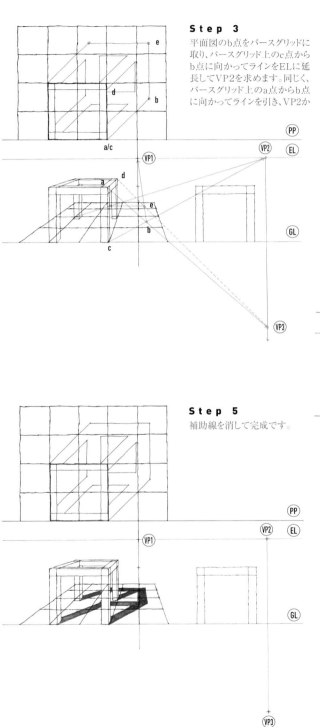

Step 4

順次VP1、VP2、VP3を使って、フレームの各頂点のポイントを求めて描いていきます。フレームの下側のラインで、影の幅は決まりますので注意して点を取ってください。

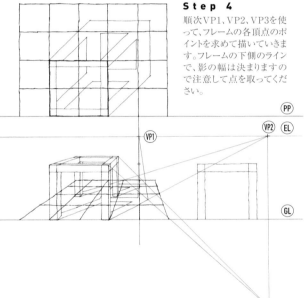

Step 5

補助線を消して完成です。

手前へ影を付ける

手前に影を描く場合、光の高さの消失点はELよりも上側になります。

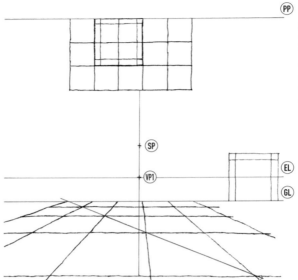

Step 1

PPに接して手前側に2升分の
フレームを設定します。光は高さ
45°、右方向手前へ45°として描
きます。パースグリッドは「手前に
描く」(P031〜032)を参照して
描いてください。

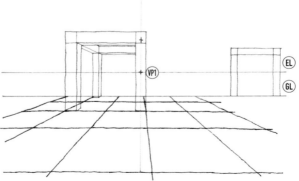

Step 2

平面図にフレームの影を描きま
す。高さ45°、方向45°ですから、
高さの長さを方向45°に取って
単純に起こします。パースグリッ
ドには、VP1を求めて、「四角形
の高さを描く」(P048〜050)を
参照して、フレームを手前に描
いてください。

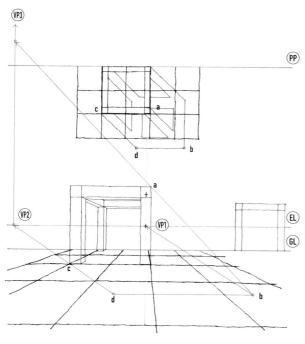

Step 3

平面図のd点をパースグリッドに取り、パースグリッド上のd点からc点に向かってラインをELに延長してVP2を求めます。同じく、パースグリッド上にb点を求め、b点からa点に向かってラインをVP2からの垂線に延長して、VP3を求めます。次に、b点からVP1に向かうパース線を引いておきます。

Step 4

パースグリッド上のフレームの奥の足の点f点を決めます。VP2からf点を通るラインを延長して、VP1からb点に伸びるパース線との交点e点を決めて、影の奥行きを決めます。同じように、順次VP1、VP2、VP3を使って、フレームの各頂点のポイントを求めて、描いていきます。フレームの下側のラインでの影の幅に注意してください。

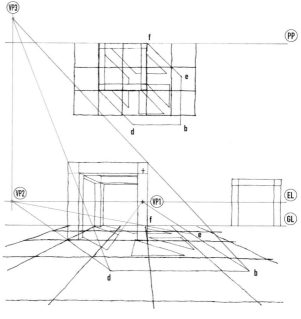

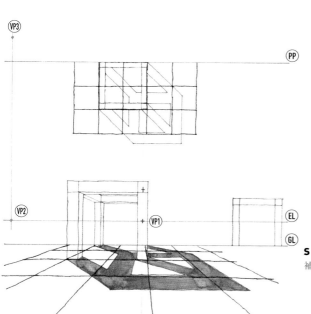

Step 5

補助線を消して完成です。

イスに影を付けてみる

閑話休題として、平面に影を付けて、立体感が出ることを体験しましょう。今までは形に奥行きを与えて、立体感を体験してきました。そこに陰影を付けるとより鮮明に浮き上がってくることが分かりました。この陰影を平面に付けて、立体感のある図を描いてみましょう。

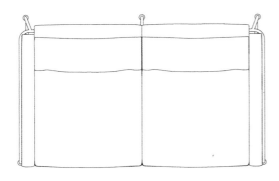

ソファーの三面図

ソファーの三面図です（正投影法の第3角法・三面図「平面図、正面図、立面図」）。家具などプロダクト製品の図面です。投影図ですので、奥行きはありません。そこに陰影を付けてみると、立体感が出てくるのです。Step1〜3の手順で図面に陰影を付けてみましょう。

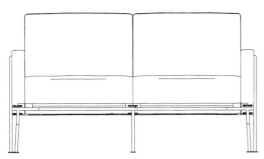

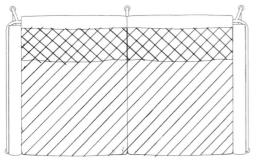

Step 1

高さ45°、右方向手前から45°で光があたっている設定です。ソファーの陰影の陰の部分の明るさの違いを表しています。それぞれ光の当たり方での反射の仕方が違うので、明るさが違ってきます。
a:正面―― 一番手前に光が当たっている部分
b:少し斜めに光が当たる部分 ―― 奥の部分
c:傾いた面でかなり角度が付いて光が当たる部分
これらの順で少しずつ暗く表現します。

明るさの順

▭	a
▨	b
▩	c

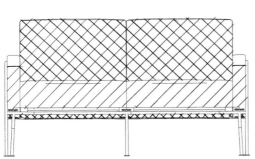

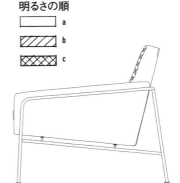

Step 2

影の付け方を参考に、肘掛けおよび背もた
れが落とす影の長さを描いています。45°の
高さですから、影の長さは高さと同じです。
それぞれのa、b、cの長さで描いてください。

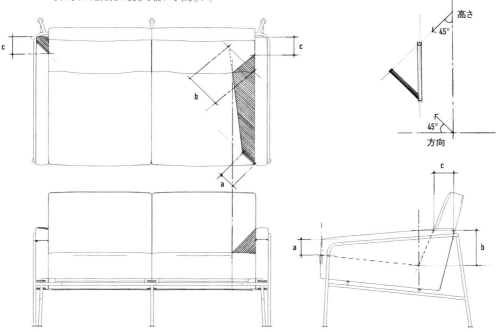

Step 3

Step1とStep2の情報に基づいて、色を付け
て陰影を表現しています。

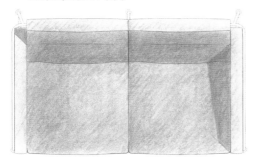

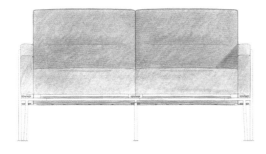

|2| 人 物 を 描 く

人物は、プロポーションに気をつけて描くことが重要です。簡略化して描くときは、頭（顔）を少し小さめに描くことがコツです。いろいろな人物に挑戦してみてください。

 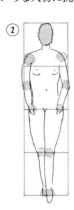  

4つの正方形で
人物を描く

4つの正方形を重ねたグリッドに、基本の関節の位置を示しておいて、それを肉付けしていくと、プロポーションよく描くことができます。
①まず、4つの正方形を描きます。正方形をガイドにして、めぼしいところに顔や手足、肘、膝となる円を描きます。
②円の外側内側をつないで、人物の輪郭を描きます。
③洋服で肉付けをしていきます。
④最後に着色して完成です。

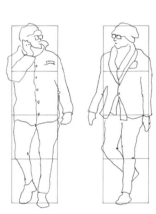     

いろいろな人物のプロポーション

ほぼ、4つの正方形の中に、人物を納めています。

着彩された人物

着彩のコツは図柄すべてに色を付けるのではなく、
ポイントをおさえて、控えめに塗ることです。

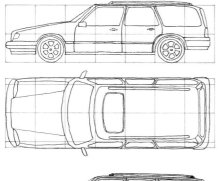

Step 5

タイヤ、その他のガイド線を仕上げて線画の完成です。

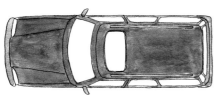

Step 6

グリッドラインを消して、さらに色を付けるとリアリティーが増します。車の車種によって、700mmの升目の数を調整して描くとよいです。

パースグリッドと車

グリッドで描いた図を元に、
車のパースグリッドを描いて、
そのグリッドの中に点を取って、
車を描いていけば、
どんな角度の車も描くことができます。

グリッドを消して、
着彩すれば完成です。

写真からスケッチを描く

パースグリッドを使って透視図を描く方法は、つまりはグリッドを使って写真を画用紙に写し取る事でした。このコラムでは、写真から絵を描き起こす方法を解説します。風景画を描くとき、アングルや建物の形を正確に捉えることが難しいと思います。しかし現代ではスマートフォンの普及により、写真をとってすぐに確認することが出来ます。その写真を使って画用紙に写し取って着彩すれば、初心者でも立派なスケッチを描くことが簡単にできるのです。方法としてはまず、写真に適当な大きさの正方形のグリッドを書きます。そのグリッドと描きたい建物などのわかりやすい線の交点にA,B,C等の印を付けます。

自由学園明日館　設計:フランク・ロイド・ライト、遠藤新　著者撮影

Step 1

白紙の画用紙に写真に描いたグリットと同じグリッドを鉛筆で描きます。そこに、写真で見つけた、A,B,C点をグリッドの割り付けに沿って落としていきます。その点を少しずつ繋いで、形を描いていきます。

Step 2

描きたい建物が描かれたら、その線をなぞってインキングします。

Step 3

鉛筆で描いてあるグリッドを消せば建物の形が浮き上がります。

Step 4

添景を上手く描いて着彩をすれば完成です。写真のすべてを描く必要はありません。自分が見せたい絵柄を書くことで、個性が表れますので好きな部分を描きましょう。

投 影 図 の 話

透視図では建築の寸法を正確に表すことができません。
投影図ではその寸法を正確に表すことができます。
ここでは建築の立体表現としての
投影図の描き方を学びます。

║1║ 正投影法・等角投影図法

建築的に「アイソメ」といわれている図法です。水平軸に対して両側30°／30°に開いて起こしていく図法で、直角を120°に開いて平面図を起こし直して、高さを垂直に入れていく図法です。寸法を実寸の縮尺で入れられるため、対象物の見た目のサイズを正確に確認することができます。

3階建て想定の立方体を等角投影図法で描く

今まで描いてきた、3階建て想定の立方体の平面図です。等角投影図法（アイソメ）で描く場合は、図の1階部分のa点を水平軸線の中心に置き、aの角度を120°に広げ両側30°／30°に設定して、グリッドを起こし直します。

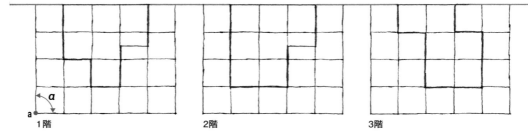

1階　　　2階　　　3階

Step 1

水平に対して、
両側30°／30°に開いた
グリッドを起こします。

120°

30°　　　30°

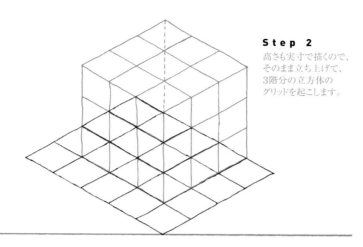

Step 2
高さも実寸で描くので、
そのまま立ち上げて、
3階分の立方体の
グリッドを起こします。

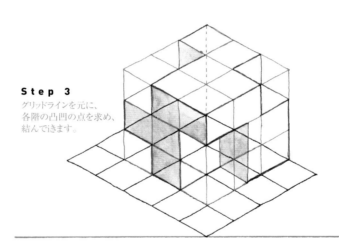

Step 3
グリッドラインを元に、
各階の凸凹の点を求め、
結んでいきます。

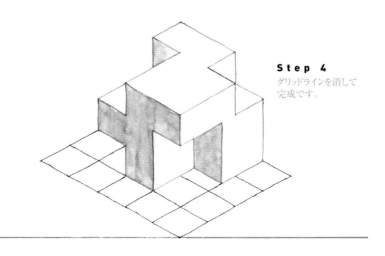

Step 4
グリッドラインを消して
完成です。

コエ・タロを
アイソメ（等角投影図法）で描く

完成の図をみて分かるように、建物の大きさを確認するのにうってつけの図法です。高さ関係、広さの加減など、縮尺の実寸で描いていますので、建物の形の修正を行う検討が、投影図上でできます。

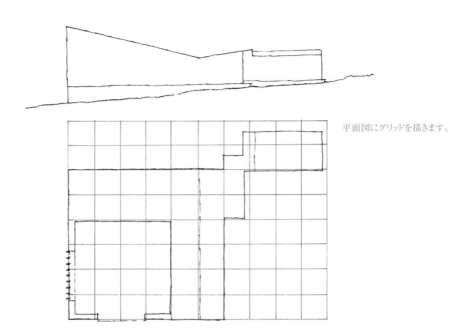

平面図にグリッドを描きます。

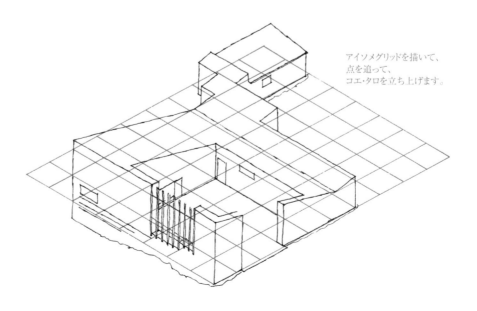

アイソメグリッドを描いて、
点を追って、
コエ・タロを立ち上げます。